Wünsche aktivieren

Arbeitsheft

Maria Anna Bröder

Schriftliche Meditation für mehr Klarheit und Freiheit

FSC
www.fsc.org
MIX
Papier aus verantwortungsvollen Quellen
Paper from responsible sources
FSC® C105338

Impressum

Am Birbet 5; 83115 Neubeuern
www.schriftliche-meditationen.de

Herstellung und Verlag: BoD – Books on Demand, Norderstedt

ISBN **9783753458922**

Bilder: Freepik.com @kjpargeter

Bibliografische Information der Deutschen Nationalbibliothek:

Die Deutsche Nationalbibliothek verzeichnet diese Publikation in der Deutschen Nationalbibliografie; detaillierte bibliografische Daten sind im Internet über http://dnb.d-nb.de abrufbar.

Es gibt keine Rangordnung

der Schwierigkeit bei Wundern.

Eines ist nicht „schwieriger" oder

„größer" als ein anderes. *

*Ein Kurs in Wundern

Vorwort

Die Hefte der Reihe „Arbeitshefte: Schriftliche Meditationen für mehr Klarheit und Freiheit“ sind im Rahmen meiner Coachings entstanden.

Immer, wenn ich einen Klienten mit einem speziellen Thema hatte, stellte ich ihm passende Übungen zusammen, die er ohne mich zu Hause ausführen konnte. Der Vorteil ist, dass wir einfach noch ehrlicher zu uns selbst sein können, wenn wir niemandem gegenüber unser tiefstes Inneres ausschütten müssen. Es hat auch eine andere Qualität, ob wir solche Übungen wirklich schriftlich auf Papier oder nur in Gedanken machen. Sie nur zu überfliegen und zu sagen: „Aha! Verstanden!“, wird Dich nie zu dem Punkt bringen, an dem Du wirklich zu begreifen und zu verstehen beginnst, was sich unter oder hinter den verschiedenen Schichten Deiner Glaubenssätze, Muster und Gedanken versteckt.

Meine Coachings und diese Arbeitshefte basieren auf meiner Erfahrung, dass ich mit meinen Gedanken meine Realität beeinflussen kann. Diese Übungen in meinen Heften dienen der aktiven Realitätssteuerung (Reality Creation).

Die Vorstellung, dass wir nur durch unsere innere Einstellung und unser damit verbundenes Auftreten ein Bewerbungsgespräch positiv beeinflussen können, dürfte für jeden klar und annehmbar sein. Durch die bewusste Programmierung unserer Überzeugungen unser Einkommen um 50% zu steigern, ist für einige dann schon schwieriger zu glauben.

Und doch funktioniert es!

Das einzige, was uns davon abhält etwas zu erreichen, ist der Glaube, dass es unmöglich ist. Unbewusst erschaffen wir uns tagtäglich Situationen, die uns auch noch beweisen, dass es stimmt, was wir glauben. Je größer uns der Wunsch erscheint, umso größer erschaffen wir unsere eigenen Widerstände.

Wir sind in erster Linie geistige Wesen und die Erde ist unser Spielplatz um zu lernen. Du bist das, was Du denkst/glaubst. Deine Realität ist das, was Du von ihr denkst und glaubst. Wenn Du das, was Du denkst/glaubst aktiv und bewusst veränderst, kannst Du Deine Realität aktiv und bewusst verändern.

Somit ist der Schlüssel zum Erfolg Dir erst einmal bewusst zu machen, was Du denkst/glaubst und wovon DU (oft unbewusst) überzeugt bist.

Diese Heftreihe ist dafür da, Dir dabei zu helfen, diese Mechanismen zu offenbaren. Eine Entdeckungsreise durch die

Knoten Deiner Glaubenssysteme und -muster. Aber auch ein Hilfsmittel und ein Werkzeug.

Erforsche, wo Du Dich begrenzt und übernimm die Verantwortung dafür. Mache Dir bewusst, WAS Du glaubst/denkst, WARUM Du das glaubst und ob Du es weiter glauben möchtest. Du kannst Deine geistigen Begrenzungen finden und Deine Komfortzone erweitern. Mache Dein Leben zu einem Spielplatz.

Setz Dich einfach hin und fang an. Verändere Deine Welt, programmiere Dich neu und genieße das Leben. Hab Spaß und Freude daran. Denn das erwartet Dich:

„Noch mehr Spaß und noch mehr Freude"*

---

*Fred Dodson

Einleitung

Der erste Schritt auf dem Weg Deine Ziele zu erreichen, ist es sie zu kennen. Sie greifbar zu machen.

Im Alltagsstress sind unsere Gedanken oft so konfus und ungeordnet, dass es uns schwerfällt, uns zu fokussieren. In dem Moment, in dem Du beginnst Deine Ziele so zu konkretisieren, dass Du sie aufschreiben kannst, hast Du schon einen großen Schritt zu ihrer Verwirklichung beigetragen.

Jeder erfolgreiche Mensch benutzt verschiedene Techniken, um seine Ziele greifbar zu machen und zu planen. Wochenpläne, Jahrespläne, Wunsch- oder Ziellisten. Diese werden regelmäßig überarbeitet und aktualisiert. Erreichte Ziele werden durch neue ersetzt, unwichtig gewordene Ziele gestrichen.

Durch das regelmäßige Arbeiten an Deinen Wunsch- und Absichten-Listen hast Du auch die Kontrolle, ob Du noch auf dem richtigen Weg bist. Du kannst vergleichen und siehst wo Du stehst. Wenn Du in Rente gehst und Dir eine Wunschliste aus Deiner Kindheit in die Hände fällt, dann ist es vermutlich schon zu spät, etwas für ihre Erfüllung zu tun. Fang jetzt an!

Fünf Minuten an einer Wunsch- und Absichten-Liste kann uns viele Stunden sinnloser Arbeit ersparen.

Beginne zu spielen, gehe entspannt und fröhlich an die Arbeit. Denke an eine Fee, die Dir alle Deine Träume erfüllen kann. Habe Spaß bei Deiner Entdeckungsreise: „Was will ich wirklich?“

Warum „Wünsche aktivieren“?

Programmiere Dich selbst, richte Dein ganzes Handeln, Denken und Deine Ausstrahlung auf Deine 10 wichtigsten Wünsche aus. Nutze bewusst und aktiv die Macht Deiner Gedanken, Deiner Glaubenssätze und Deines Unterbewusstseins.
Es reicht nicht, es sich „einfach zu wünschen“.
Du musst den Wunsch, das Ziel, Dein Glück fest in Dir verankern und aktivieren. Der Wunsch allein trennt Dich von Deinem Ziel. Du musst Dein Ziel, die Rolle die Du erfüllen würdest, schon jetzt sein, spüren und danach handeln. So wie Du Dich für den Job kleiden sollst, den Du willst und nicht für den, den Du schon hast, musst Du die Aura des Menschen ausstrahlen, der Du sein möchtest, der diese Ziele bereits hat, für den diese Wünsche irrelevant sind, weil er sie ja bereits besitzt.

Das uns unser Unterbewusstsein und die dort gespeicherten „Programme“ diverse Steine in den Weg legen können, ist ja schon lange kein Geheimnis mehr.

Wenn wir uns dieses Wissen aber aktiv zunutze machen, haben wir die Möglichkeit Glaubenssätze und Überzeugungen in unserem Unterbewusstsein abzuspeichern, die uns unterstützen, motivieren und fördern.
Mit den richtigen Überzeugungen und einem Hang dazu, nach dem „Bauchgefühl" zu agieren, führt Dich Deine Intuition automatisch in die richtige Richtung, um Deinen Zielen einen Schritt näher zu kommen.
Um dahin zu kommen, müssen die richtigen Glaubenssätze oder Überzeugungen in Deinem „Mindset" verankert und aktiviert werden.

Stell Dir Dein Bewusstsein wie eine Pinnwand vor. Jedes Mal, wenn Du die letzten Jahre dachtest: „Das schaff ich nicht!", „Das ist zu viel!", „Das ist zu schwer!" oder „Es ist total wichtig jetzt Wäsche zu waschen!" landete ein Notizzettel mit dieser Aufschrift auf Deiner Pinnwand.
Unweigerlich führt Dich Deine Intuition auch dahin, wo die meistens Notizen sich ergänzen oder ähneln und immer wieder wird Dir Dein Umfeld Situationen präsentieren, die zu schwer sind, die für Dich zu viel sind oder wo es total wichtig ist, jetzt Wäsche zu waschen.

Du musst anfangen neue Notizen zu schreiben und an Deine Pinnwand zu heften. Du musst die täglich sich automatisch

ablaufenden Ohrwürmer mit Deinen Zielen wortwörtlich überschreiben.
Irgendwann kommt der Punkt, an dem Du spürst, dass es jetzt verankert ist, dass das Ziel, der Wunsch, der Glaubenssatz jetzt „sitzt“ oder einrastet. Das ist der Moment, wo Deine Intuition anfängt für Dich zu arbeiten. Auch werden verschiedene Aufgaben, die Dir behilflich sind, sich plötzlich nicht mehr so anstrengend anfühlen, sondern ein inneres Drängen wird dazu beitragen, dass Du genau das Richtige zum richtigen Zeitpunkt tust.
Deine bewussten und unbewussten Handlungen und Gedanken, sind jetzt auf Dein Ziel ausgerichtet. Du solltest zwar noch weiter an Deinen Ziellisten und Affirmationen arbeiten, aber an dem Punkt, wo erste Erfolge sichtbar werden, kannst Du anfangen Dich geistig auf Dein nächstgrößeres Ziel zu fokussieren. Das Ziel, dass Du hättest, wenn sich der aktuelle Wunsch bereits manifestiert hätte.

Arbeitsanweisung:

Schriftliche Meditation für mehr Klarheit und Freiheit.

Sorge dafür, dass Du Ruhe hast und Dich keiner stört, solange Du in Deinem Heft arbeitest.

In diesem Arbeitsheft „10 Wünsche aktivieren" solltest Du regelmäßig arbeiten. Wenn Du möchtest täglich, mindestens aber einmal pro Woche. Als Ergänzung ist ein leeres Notizbuch hilfreich, in dem Du zusätzlich Affirmationen, Ziele und Wünsche festhalten und wieder und wieder aufschreiben kannst.

Bewahre Deine Arbeitsbücher an einem Ort auf, wo sie kein anderer findet und kein anderer darin lesen kann. Du musst bei der Bearbeitung der Übungen zu 200% mit Dir selbst ehrlich sein können und nicht ständig daran denken müssen:

„Oh je, hoffentlich liest das keiner!".

Arbeite von vorne nach hinten eine Übung nach der anderen durch. Versuche bei den schriftlichen

Übungen spontan zu antworten. Bleibe erst einmal wertfrei und neugierig. Einfach schreiben!

Lass keine Meditation und keinen Arbeitsauftrag aus.

Wenn Du mit einem Heft durch bist, verschließe es und lege es zur Seite.

Lass los! Das ist ein Teil der Arbeit. Du musst nun nicht mehr daran denken und darfst sogar vergessen, dass du darin gearbeitet hast.

Falls Du ein ähnliches oder neues Thema bearbeiten möchtest, besorge Dir ein neues Heft und fange ganz von vorne wieder an.

Datum: . . . .

Nenne mindestens 10 Wünsche, Ziele und Absichten, die Du in Deinem Leben erreichen, bzw. erleben möchtest. Egal wie groß oder unwichtig Deine Wünsche für jemand anderen erscheinen mögen. Hier geht es nur um Dich. Schreibe ohne Urteil. Bring Deinen inneren Kritiker zum Schweigen und leg los:

. . . .

. . . .

. . . .

. . . .

. . . .

. . . .

. . . .

. . . .

. . . .

. . . .

. . . .

. . . .

. . . .

. . . .

. . . .

. . . .

. . . .

Ordne alles von „am leichtesten zu erreichen“ bis „kaum zu schaffen/unmöglich“

1. ....
....
....

2. ....
....
....

3. ....
....
....

4. ....
....
....
....

5. ....
....
....
....

6. ....
....
....
....

7. ....
....

....
....
8. ....
....
....
....
9. ....
....
....
....
10. ....
....
....
....
....

Beginne mit der ersten, also einfachsten Nummer.

Schreibe einen positiven Affirmationssatz zu Nr. 1. Schreibe in der Gegenwart, so als ob es bereits so ist. Keine Verneinung, kein „nicht", kein „ich will" oder „ich will nicht!". Füge Adjektive wie fröhlich, leicht, entspannt oder glücklich hinzu. (z. B. Regelmäßig treffe ich mich mit meinen Freunden für fröhliche und schöne Unternehmungen.)

. . . .

. . . .

. . . .

. . . .

. . . .

. . . .

. . . .

Warum hast Du diesen Wunsch, dieses Ziel? Was erwartest Du Dir davon? Wie möchtest Du Dich fühlen, wenn Du es erreicht hast?

. . . .

. . . .

. . . .

. . . .

. . . .

. . . .

. . . .

. . . .

. . . .

. . . .

. . . .

Schreibe diese positive Bejahung (Affirmation) mindestens 15x in nachfolgende Zeilen:

1. . . . .
. . . .

2. . . . .
. . . .

3. . . . .
. . . .

4. . . . .
. . . .

5. . . . .
. . . .

6. . . . .
. . . .

7. . . . .
. . . .

8. . . . .
. . . .

9 . . . .
. . . .

10. . . . .
. . . .

11. . . . .
. . . .

12. . . . .
. . . .

13. . . . .
. . . .

14. . . . .
. . . .

15. . . . .
. . . .

Datum:.............

Gehe nun weiter zum nächsten Wunsch:

Schreibe einen positiven Affirmationssatz zu Nr. 2. Schreibe in der Gegenwart, so als ob es bereits so ist. Füge Adjektive wie fröhlich, leicht, entspannt oder glücklich dazu. (Jedes Jahr leisten wir uns/ich mir einen schönen und erholsamen Urlaub!)

....

....

....

....

....

....

....

Warum hast Du diesen Wunsch, dieses Ziel? Was erwartest Du Dir davon? Wie möchtest Du Dich fühlen, wenn Du es erreicht hast?

....

....

....

....

....

....

....

Meditation:

Visualisiere Deine gewünschte Realität. Stell Dir vor Deinem geistigen Auge vor, dass sich dieser Wunsch bereits verwirklicht hat.

Führe diese Meditation so lange aus, bis Du es Dir ganz leicht vorstellen kannst.

(„Eine Uhr für 5000,00 € kaufen? Kein Problem!")

Schreibe Deine Bejahung (Affirmation) zu Deinem zweiten Wunsch/Ziel mindestens 15x in einer feinen sauberen Schrift in nachfolgende Zeilen:

1. . . . .

2. . . . .

3. . . . .

4. . . . .

5. . . . .

6. . . . .

7. . . . .

8. . . . .

9 . . . .

10. . . . .

11. . . . .
. . . .

12. . . . .
. . . .

13. . . . .
. . . .

14. . . . .
. . . .

15. . . . .
. . . .

Datum:.............

Dein 3. Ziel:

Schreibe einen positiven Satz in der Gegenwartsform zu Nr. 3.

. . . .

. . . .

. . . .

. . . .

. . . .

. . . .

. . . .

Warum hast Du diesen Wunsch, dieses Ziel? Was erwartest Du Dir davon?

. . . .

. . . .

. . . .

. . . .

. . . .

. . . .

. . . .

Meditation:

Visualisiere Deine gewünschte Realität mit so vielen Einzelheiten wie möglich. Was wirst Du tun? Wie wirst Du Dich kleiden? Was wirst Du unternehmen? Wie wirst Du Dich fühlen, wenn Du Deine neue Realität lebst?

Führe diese Meditation so lange aus, bis es vor Deinem geistigen Auge nichts Besonderes mehr ist.

Sich in einen nagelneuen Porsche zu setzen muss sich in Deiner Visualisierung genauso normal anfühlen, wie sich in Gedanken die Zähne zu putzen.

So lange Du noch irgendetwas wie Nervosität, überschwängliche Freude oder Stolz fühlst, ist Deine Aufgabe hier noch nicht fertig.

Schreibe Deine Bejahung (Affirmation) zu Deinem dritten Wunsch/Ziel mindestens 15x in einer feinen sauberen Schrift in nachfolgende Zeilen:

1. . . . .
. . . .

2. . . . .
. . . .

3. . . . .
. . . .

4. . . . .
. . . .

5. . . . .
. . . .

6. . . . .
. . . .

7. . . . .
. . . .

8. . . . .
. . . .

9 . . . .
. . . .

10. . . . .
. . . .

11. . . . .
. . . .

12. . . . .
. . . .

13. . . . .
. . . .

14. . . . .
. . . .

15. . . . .
. . . .

Datum...........

Formuliere Dein 4. Ziel im Jetzt.

....

....

....

....

....

....

Warum ausgerechnet dieses Ziel? Finde mindestens 4-5 Gründe, warum Du dieses Ziel auf alle Fälle erreichen möchtest.

....

....

....

....

....

....

....

Bereitet der Weg zu diesem Ziel bereits Freude? Wie genau bereitet der Weg zu diesem Ziel Freude?

....

....

....

....

....

Meditation:

Visualisiere Deine gewünschte Realität solange, bis Du sie komplett spüren und als wahr annehmen kannst.

Schreibe Deine Bejahung (Affirmation) zu Deinem vierten Wunsch/Ziel mindestens 20x :

1. . . . .
. . . .

2. . . . .
. . . .

3. . . . .
. . . .

4. . . . .
. . . .

5. . . . .
. . . .

6. . . . .
. . . .

7. . . . .
. . . .

8. . . . .
. . . .

9 . . . .
. . . .

10. . . . .
. . . .

11. . . . .
. . . .

12. . . . .
. . . .

13. . . . .
. . . .

14. . . . .
. . . .

15. . . . .
. . . .

16. . . . .
. . . .

17. . . . .
. . . .

18. . . . .
. . . .

19. . . . .
. . . .

20. . . . .
. . . .

Datum...........

Formuliere Dein 5. Ziel so, als ob es bereits Realität ist:

....

....

....

....

....

Warum dieses Ziel?

....

....

....

....

....

Bis wann möchtest Du es erreicht haben?

....

....

....

....

....

Wie sieht Dein Plan aus? Welche ersten Schritte müsstest Du unternehmen, um Deinem Ziel ein Stück näher zu kommen?

....

....

....

....

....

Was genau könntest Du heute schon dafür tun, um Dein Ziel zu erreichen?

....

....

....

....

....

....

....

Tu es!

Meditation:

Visualisiere Deine neue Realität mit so vielen Einzelheiten wie möglich.

Wie in einem Film, überlege Dir eine Szene aus Deinem Leben, dieser gewünschten Realität. Schau Dir diesen „Film" wie eine Erinnerung vor Deinem geistigen Auge an.

Schreibe Deine Bejahung (Affirmation) zu Deinem fünften Wunsch/Ziel mindestens 20x:

1. . . . .
. . . .

2. . . . .
. . . .

3. . . . .
. . . .

4. . . . .
. . . .

5. . . . .
. . . .

6. . . . .
. . . .

7. . . . .
. . . .

8. . . . .
. . . .

9 . . . .
. . . .

10. . . . .
. . . .

11. . . . .
. . . .

12. . . . .
. . . .

13. . . . .
. . . .

14. . . . .
. . . .

15. . . . .
. . . .

16. . . . .
. . . .

17. . . . .
. . . .

18. . . . .
. . . .

19. . . . .
. . . .

20. . . . .
. . . .

Datum...........

Formuliere Dein 6. Ziel so, als ob es bereits Realität ist:

....

....

....

....

....

Was ist das Besondere an diesem Ziel? Was genau macht Dich an diesem Ziel glücklich?

....

....

....

....

....

Bis wann möchtest Du es erreicht haben?

....

....

....

....

....

Welche Erfahrungen und Lernmöglichkeiten kannst Du bereits auf dem Weg zu diesem Ziel mitnehmen?

....

....

....

....

....

Hast Du schon etwas erreicht, was Dir bei diesem Ziel behilflich ist?

....

....

....

....

....

Wie sieht Dein Plan aus? Welche ersten Schritte müsstest Du unternehmen, um Deinem Ziel ein Stück näher zu kommen?

....

....

....

....

....

Wie kannst Du heute schon dafür aktiv werden?

Hat Dein Umfeld auch einen Nutzen davon, wenn Du dieses Ziel erreicht hast? Suche so lange, bis Du auch für Dein Umfeld einen Vorteil in diesem Wunsch erkennen kannst.

Was soll das Universum für Dich erledigen?

Meditation:

Visualisiere Deine neue Realität mit so vielen Einzelheiten wie möglich.

Wie in einem Film, überlege Dir eine Szene aus Deinem Leben, dieser gewünschten Realität. Schau Dir diesen „Film" wie eine Erinnerung vor Deinem geistigen Auge an.

Aufgabe:

Geh raus! Geh unter Leute. Sei jetzt der, der Du sein willst. Reagiere, fühle, antworte bereits jetzt mit Deinem neuen Ich. Tu so, als ob. Folge Deiner Intuition, Deinem inneren Flow, Deinem Gefühl und gehe ihm nach. Bleibe offen, bleibe interessiert und neugierig.

Datum...........

Formuliere Dein 7. Ziel so, als ob es bereits Realität ist:

....

....

....

....

....

Was ist das Besondere an diesem Ziel? Was genau macht Dich an diesem Ziel glücklich?

....

....

....

....

....

Bis wann möchtest Du es erreicht haben?

....

....

....

....

....

Hast Du schon etwas erreicht, was Dir bei diesem Ziel behilflich ist?

....

....

....

....

....

Wie sieht Dein Plan aus? Welche ersten Schritte müsstest Du unternehmen, um Deinem Ziel ein Stück näher zu kommen?

....

....

....

....

....

Wie kannst Du heute schon dafür aktiv werden?

....

....

....

....

....

....

....

Welche Aufgabe soll das Universum für Dich erledigen?

....

....

....

....

....

....

....

Welche Ressourcen hast Du, die Dir bei diesem Ziel behilflich sind? (Ressourcen: Kontakte, Beziehungen, Wissen, Ausbildungen, Talente, ...) Nenne mindestens fünf:

....

....

....

....

....

....

....

....

....

....

....

....

....

....

Meditation:

Visualisiere Deine neue Realität. Übe sie vor Deinem geistigen Auge so, wie ein Schauspieler eine Rolle einstudieren würde.

Schreibe Deine Bejahung (Affirmation) zu Deinem siebten Wunsch/Ziel mindestens 20x:

1. . . . .
. . . .

2. . . . .
. . . .

3. . . . .
. . . .

4. . . . .
. . . .

5. . . . .
. . . .

6. . . . .
. . . .

7. . . . .
. . . .

8. . . . .
. . . .

9 . . . .
. . . .

10. . . . .
. . . .

11. . . . .
. . . .

12. . . . .
. . . .

13. . . . .
. . . .

14. . . . .
. . . .

15. . . . .
. . . .

16. . . . .
. . . .

17. . . . .
. . . .

18. . . . .
. . . .

19. . . . .
. . . .

20. . . . .
. . . .

Datum...........

Formuliere Dein 8. Ziel im Jetzt.

....

....

....

....

....

Warum dieser Wunsch, dieses Ziel?

....

....

....

....

....

....

....

....

....

....

....

....

....

....

....

....

....

....

Meditation:

Entspanne Dich. Atme ruhig und spiele Dich in Deiner neuen Realität. Tagträume das, was Du sein, haben oder tun möchtest.

Schreibe Deine Bejahung (Affirmation) zu Deinem achten Wunsch/Ziel mindestens 20x:

1. . . . .
. . . .

2. . . . .
. . . .

3. . . . .
. . . .

4. . . . .
. . . .

5. . . . .
. . . .

6. . . . .
. . . .

7. . . . .
. . . .

8. . . . .
. . . .

9 . . . .
. . . .

10. . . . .
. . . .

11. . . . .
. . . .

12. . . . .
. . . .

13. . . . .
. . . .

14. . . . .
. . . .

15. . . . .
. . . .

16. . . . .
. . . .

17. . . . .
. . . .

18. . . . .
. . . .

19. . . . .
. . . .

20. . . . .
. . . .

Aufgabe:

Über den ganzen Tag hinweg sprich Deinen positiven Affirmations-Satz zu Deinem 8. Wunsch/Ziel laut aus oder formuliere ihn ständig in Deinen Gedanken.

Beim Kochen, beim Autofahren, vor dem Einschlafen. Lass das Radio aus. Alles was an Gedanken in Deinem Kopf kreisen sollte, ist dieser neue Gedanke.

Wenn andere Gedanken auftauchen, betrachte sie kurz, akzeptiere sie und dann wiederhole bewusst Deinen neuen Satz.

Fahre fort bis sich ein Gefühl der Gewissheit und Entspannung eingestellt hat.

Datum...........

Wie lautet Dein 9. Ziel?

....
....
....
....
....
....

Begründe:

....
....
....
....
....
....
....
....
....

Meditation:

Visualisiere Deine neue Realität.

Schreibe Deine Bejahung (Affirmation) zu Deinem Wunsch/Ziel mindestens 20x :

1. . . . .
. . . .

2. . . . .
. . . .

3. . . . .
. . . .

4. . . . .
. . . .

5. . . . .
. . . .

6. . . . .
. . . .

7. . . . .
. . . .

8. . . . .
. . . .

9 . . . .
. . . .

10. . . . .
. . . .

11. . . . .
. . . .

12. . . . .
. . . .

13. . . . .
. . . .

14. . . . .
. . . .

15. . . . .
. . . .

16. . . . .
. . . .

17. . . . .
. . . .

18. . . . .
. . . .

19. . . . .
. . . .

20. . . . .
. . . .

Datum...........

Formuliere Dein 10. Ziel so, als ob es bereits Realität ist:

....

....

....

....

....

Was ist das Besondere an diesem Ziel?

....

....

....

....

....

Was genau macht Dich an diesem Ziel glücklich?

....

....

....

....

....

Bis wann möchtest Du es erreicht haben?

....

....

....

....

....

Hast Du schon etwas erreicht, was Dir bei diesem Ziel behilflich ist?

....

....

....

....

....

Welche Ressourcen hast Du, die Dir bei diesem Ziel behilflich sein könnten? (Ressourcen: Kontakte, Beziehungen, Wissen, Ausbildungen, Talente, ...)

....

....

....

....

....

....

....

....

....

....

Wie sieht Dein Plan aus?

Schreibe mindestens 10 erste Schritte auf, die Du unternehmen musst, um Deinem Ziel noch ein Stück näher zu kommen?

1. . . . .

2. . . . .

3. . . . .

4. . . . .

5. . . . .

6. . . . .

7. . . . .

8. . . . .

9 . . . .

10. . . . .

Wie kannst Du heute schon dafür aktiv werden?

....

....

....

....

....

....

....

Was soll das Universum für Dich erledigen, um dieses Ziel zu erreichen?

....

....

....

....

....

....

....

Wofür bist Du dankbar?

....

....

....

....

....

....

....

Meditation:

Visualisiere Deine neue Realität.

Schreibe Deine Bejahung (Affirmation) zu Deinem Wunsch/Ziel mindestens 30x:

. . . .
. . . .
. . . .
. . . .
. . . .
. . . .
. . . .
. . . .
. . . .
. . . .
. . . .
. . . .
. . . .
. . . .
. . . .

Schlusswort

Herzlichen Glückwunsch!

Du hast alle Übungen und Meditationen aus diesem Heft gemacht.

Nun verschließe es und räume es weg. Am Besten in Deine hinterste Schublade. Du hast Deine Aufgaben jetzt erst mal erfüllt.

Deine tiefsten Herzenswünsche gehen niemanden etwas an. Das ist Dein Leben und Deine Wünsche sind Dein Kompass zu Deinem Sinn des Lebens, oder zu Deinem wahren Glück.

(Ich verklebe meine Hefte zusätzlich meistens sogar mit dickem Klebeband.)

Du kannst jetzt getrost LOSLASSEN und mit Vorfreude nach vorne blicken. Such Dir den nächsten Wunsch, das nächste Ziel.

Geh raus! Das Universum liefert nicht aufs Sofa.

Geh unter Leute.

Führe Small-Talk. Sei offen, sei fröhlich, sei neugierig, sei interessiert. Sei jetzt der, der Du sein willst.

Reagiere, fühle, antworte bereits jetzt mit Deinem neuen Ich.

Folge Deiner Intuition, Deinem inneren Flow, Deinem Gefühl und gehe ihm nach. Lass Dich Überraschen.

Irgendwann, wenn Du schon vergessen hast, dass Du dieses Heft überhaupt aktiv bearbeitet hast, wird es Dir in die Hände fallen.

Dann kannst Du darin blättern und staunen.

Über mich

Seit über 20 Jahren arbeite ich nun aktiv mit psychospirituellen Übungen.

Ich habe mit Hilfe dieser Übungen schwere Depressionen überstanden und verschiedene Opferrollen geheilt.

Das sichtbare Ergebnis ist eine 22-jährige glückliche und erfüllte Ehe mit meinem geliebten Mann, vier wundervolle Kinder und eine erfolgreiche Ballettschule. Das ständige Hinterfragen meiner Gedanken, das Erforschen meiner Überzeugungen und das nächtelange Arbeiten mit meinen ungewollten Glaubenssätzen haben mich hier hingebracht, wo ich heute bin.

Glücklich, erfolgreich und ein freier Mensch auf wirklich allen Ebenen.

Weiter Arbeitshefte der Reihe „Schriftliche Meditationen für mehr Klarheit und Freiheit" von Maria Anna Bröder

Ein Problem durchschauen

Reihe: Schriftliche Meditation für mehr Klarheit und Freiheit

ISBN 978-3-75344-1948, 64 Seiten, DIN A5

Jedes Problem, jede unerwünschte Situation/Realität bringt Dir einen Vorteil, auch wenn Du ihn Dir vorerst nicht eingestehen möchtest. Hinter jedem Ziel, jedem Wunsch, der für Dich schwer erreichbar scheint, versteckt sich ein "Nachteil" für Dich. Oft sind es nur Vorurteile, die ohne hinterfragt zu werden im Unterbewusstsein ihre Sabotagearbeit leisten. Mit diesem Arbeitsheft: "Ein Problem durchschauen" kannst Du Dir diese unbewussten Überzeugungen ins Bewusstsein holen.

Ich bin Ich

Reihe: Schriftliche Meditation für mehr Klarheit und Freiheit

ISBN 978-3-75346-4114, 70 Seiten, DIN A5

Dieses Heft ist Deine eigene Definition, Dein ganz persönlicher Wikipedia-Eintrag. Hier geht es nur um Dich. Wer bist Du? Was bist Du? Wie bist Du? Wo definierst Du Dich über andere, wo machst Du Dich von anderen abhängig? Nutze dieses Heft als eine absolute Bestandsaufnahme. Eine Inventur. Es gilt Grenzen zu erkennen und Unbewusstes bewusst zu machen. Erkenne starre Muster und Verhaltensweisen. Lerne aus ihnen mehr über Dich selbst und wachse. Wenn Du weißt, wer Du bist, hast Du die Möglichkeit wortwörtlich IN DIR zu ruhen.

Ein Ziel manifestieren
Reihe: Schriftliche Meditation für mehr Klarheit und Freiheit
ISBN 978-3-75346-2615, 66 Seiten, DIN A5

Zahlreichen Studien und Berichten zufolge denken wir täglich bis zu 60.000 Gedanken. Diesen ständig präsenten Gedankenstrom, diese ständig präsente Stimme im Ohr, tragen wir permanent mit uns herum und beeinflusst unbewusst unser Handeln, unsere Reaktionen und unser Befinden. Übernimm die Verantwortung und beeinflusse aktiv, was Du denkst und somit bewusst Dein Auftreten, Deine Ausstrahlung und Dein Leben.

Liebe und Akzeptanz in der Partnerschaft
Reihe: Schriftliche Meditation für mehr Klarheit und Freiheit
ISBN 978-3-75193-4008, 59 Seiten, 17x22 cm

Menschen, die wir lieben, oder die uns sehr nahestehen, können uns am meisten verletzen. Da uns diese Menschen so wichtig sind, legen wir jedes Wort, jede noch so kleine Reaktion auf die Goldwaage. Hinterfrage ich aber meine eigene Reaktion, habe ich die Möglichkeit, mir tiefere Verletzungen, Muster oder Gewohnheiten ins Bewusstsein zu holen, zu erkennen und somit aufzulösen. Wenn ich mir selbst absolut klar bin, was ich will und warum, kann ich meinem Partner helfen mich zu verstehen und die Partnerschaft/Beziehung kann wachsen und reifen. Mit Hilfe dieses Hefts kann aus einem Streit ein gemeinsames Erforschen und Entdecken werden.

Aktives Trauern: Abschied von Deinem alten ICH
Reihe: Schriftliche Meditationen für mehr Klarheit und Freiheit
ISBN 978-3755782957, 48 Seiten, DIN A5

Es gibt Erfahrungen im Leben, die uns nachhaltig negativ beeinflussen. Sie rauben uns Energie, beschränken unser freies Handeln und Denken, rauben uns Lebensfreude und bescheren uns Alpträume. Unbewusst tragen wir ständig den Vorwurf dem Menschen gegenüber mit uns mit, der uns das angetan hat. Es können uns aber auch Schuldgefühle quälen; zum Beispiel: "Wieso war ich bloß so dumm?". Sobald Du wieder 100% Herr Deiner Lage bist, die Tür verschließen und Dich um Deine "Wunden" kümmern kannst, ist es an der Zeit, dass Du genau das tust. Hierbei soll Dir dieses kleine Heft helfen, damit Du Dein Schmerz auflösen und Dein Leben neugestalten kannst.

Mehr Erfolg durch Ruhe und Gelassenheit
Reihe: Schriftliche Meditation für mehr Klarheit und Freiheit
ISBN 978-3755780823, 60 Seiten, DIN A5

Dinge, Aussagen oder Ereignisse, die uns zum "Aus-der-Haut-fahren" bringen, sind manchmal ein Spiegel einer Seite an uns, die wir lieber verstecken wollen. Wenn uns etwas Derart trifft, dass wir nicht mehr ruhig bleiben können, verletzt, gekränkt oder beleidigt reagieren, sollten wir uns Gedanken über das "Warum?" machen. Es gehört aber auch eine gehörige Portion Mut dazu, seine eigene dunkle Seite zu erkennen und als Teil von sich selbst zu akzeptieren. Die dadurch frei gewordene und gewonnene Energie können wir in unsere Ziele, Wünsche und Projekte stecken oder auch einfach mal loslassen und Entspannen.

Raus aus dem Sumpf

Reihe: Schriftliche Meditationen für mehr Klarheit und Freiheit

ISBN 978-3755797067, 62 Seiten, DIN A5

Gibt es ein konkretes Thema, bei dem Du Dich depressiv und hilflos fühlst, ist dieses Gefühl ein Hilferuf Deiner Seele, dass Du Dich gerade auf dem falschen Weg befindest. Der Weg, den Du eingeschlagen hast, bringt Dich nicht wirklich weiter. Oft sind es Gewohnheiten, Bequemlichkeiten oder unbewusste Entscheidungen, die uns selbst in einen Sumpf aus Frustration, Müdigkeit und Erschöpfung treiben. Erforsche Deine Gewohnheiten, Deine Aktionen und Reaktionen, die Dich hier hingebracht haben. Beobachte Dich selbst, welches Thema die Depression ausgelöst hat und arbeite mit dieser Erkenntnis. Diese Erkenntnis kann Dir helfen schneller voran und Deinem Lebensziel ein großes Stück näher zu kommen.

Literaturverzeichnis, weiterführende Bücher, Quellen:

- Frederic E. Dodson: sämtliche Bücher von ihm.
- Steve Andreas u. Charles Faulkner: Praxiskurs NLP
- Moritz Boerner: Byron Katies The Work
- Bärbel Mohr: Bestellung beim Universum